DATE DUE

BLAZERS™
Bilingüe/Bilingual

Caballos de Fuerza / Horsepower

Go-Karts de Alta Velocidad / High Speed Go-Karts

por/by Matt Doeden

Consultora de Lectura/Reading Consultant:

Barbara J. Fox

Especialista en Lectura/Reading Specialist

Universidad del Estado de Carolina del Norte/

North Carolina State University

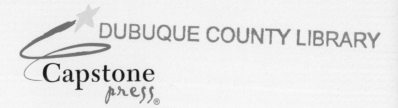

Capstone press®

Mankato, Minnesota

Blazers is published by Capstone Press,
151 Good Counsel Drive, P.O. Box 669, Mankato, Minnesota 56002.
www.capstonepress.com

Library of Congress Cataloging-in-Publication Data
Doeden, Matt.
  Go-karts de alta velocidad/por Matt Doeden = High speed go-karts/
by Matt Doeden.
    p. cm.—(Blazers—caballos de fuerza = Blazers—horsepower)
  Includes index.
  ISBN-13: 978-0-7368-6637-8 (hardcover)
  ISBN-10: 0-7368-6637-X (hardcover)
    1. Karting—Juvenile literature. I. Title. II. Series: Blazers—caballos
de fuerza.
GV1029.5.D6418 2007
796.7'6—dc22   2006008502

Summary: Discusses shifter karts, their main features, and how they are
    raced—in both English and Spanish.

Editorial Credits
Erika L. Shores, editor; Jason Knudson, set designer; Patrick D.
    Dentinger, book designer; Wanda Winch, photo researcher;
    Scott Thoms, photo editor; settingPace LLC, production
    services; Strictly Spanish, translation services

Photo Credits
Bill Kistler, 4–5, 6–7, 8–9, 10–11, 12–13, 16, 18–19, 20–21, 22–23, 28–29
Jayne Oncea, cover, 14–15, 17, 22, 24–25
Jim Coppage, 26–27

1 2 3 4 5 6 11 10 09 08 07 06

TABLE OF CONTENTS

TABLA DE CONTENIDOS

SHIFTER KARTS

The whine of 20 powerful go-kart engines fills the air. The karts speed away as the race begins.

El aire se llena con el chirrido de 20 poderosos motores de go-karts. Los karts avanzan rápidamente al iniciar la carrera.

Number 29 jumps out to an early lead.
The driver leans into the turns. He shifts
gears to go faster down straightaways.

El número 29 toma la delantera
desde el principio. El piloto se inclina
durante las curvas. Cambia de velocidad
para ir más rápido en las rectas.

On the last lap, number 70 passes the leader. The driver speeds through one more turn and wins the race.

En la última vuelta, el número 70 pasa al líder. El piloto pasa a toda velocidad por una curva más y gana la carrera.

Kart Design/ Diseño de un kart

Shifter karts are small go-karts. They are the fastest kind of go-kart.

Los shifter karts son go-karts pequeños. Son el tipo de go-kart más rápido que existe.

Shifter karts have small, smooth tires called slicks. The tires grip the tracks to help drivers make high-speed turns.

Los shifter karts tienen llantas pequeñas y lisas, llamadas llantas *slick*. Las llantas se agarran a las pistas para ayudar a los pilotos a tomar las curvas a gran velocidad.

DATO BLAZER

La mayoría de las carreras de karts duran de 12 a 15 vueltas. Un kart se tarda aproximadamente 30 segundos en recorrer una vuelta.

BLAZER FACT

Most kart races are 12 to 15 laps long. A kart takes about 30 seconds to complete one lap.

Shifter karts are built low to the ground. Drivers sit only a few inches above the track.

Los shifter karts son muy bajitos. Los pilotos se sientan apenas unas cuantas pulgadas más arriba de la pista.

Shifter karts have motorcycle engines. Karts can go more than 100 miles (160 kilometers) per hour. Drivers shift through six gears as they go faster.

Los shifter karts usan motores de motocicleta. Los karts pueden ir a más de 100 millas (160 kilómetros) por hora. Los pilotos pueden usar seis velocidades distintas.

BLAZER FACT

Many famous drivers, including Jeff Gordon and Sam Hornish Jr., raced go-karts.

DATO BLAZER

Muchos pilotos famosos, incluyendo a Jeff Gordon y Sam Hornish Jr., compitieron en carreras de go-karts.

SHIFTER KART DIAGRAM/
DIAGRAMA DE UN SHIFTER KART

Engine/
Motor

Slick/
Llanta *slick*

Steering wheel/
Volante

Nose piece/
Nariz

Shifter/
Cambiador

SAFETY/ SEGURIDAD

Safety is important to shifter kart drivers. They wear helmets, gloves, and racing suits.

La seguridad es importante para los pilotos de shifter karts. Usan cascos, guantes y trajes de carreras.

Shifter karts often spin out or crash.
Many tracks have stacks of tires or hay bales.
They stop karts from spinning off the track.

Muchas veces los shifter karts hacen trompos
o chocan. Muchas pistas tienen montones de
llantas o de pacas de heno. Esto evita que los
karts se salgan de la pista.

Spin out/
Trompo

Shifter Karts in Action/ Shifter Karts en Acción

Kids and adults race shifter karts. Drivers race against people in their age group.

Niños y adultos compiten en carreras de shifter karts. Los pilotos compiten contra otros pilotos de edades similares.

Shifter kart drivers race on smooth tracks. Some tracks are ovals. Other tracks have many twists and turns.

Los pilotos de shifter karts compiten sobre pistas lisas. Algunas pistas son ovaladas. Otras tienen muchas vueltas y curvas.

BLAZER FACT

The first go-karts were modeled after soapbox derby cars.

DATO BLAZER

Los primeros go-karts se hicieron parecidos a los autos sin motor para derby.

Shifter Karts Race Around the Track! / ¡Los Shifter Karts corren por la pista!

Glossary

gear—a set of wheels with teeth that carry an engine's power to the axles

lean—to shift one's body weight into a turn

oval—an elongated circle

shift—to change gears

slick—a soft, smooth tire used on go-kart racetracks

spin out—to make a vehicle's rear tires lose grip, causing the vehicle to spin

straightaway—a long, straight part of a track

Internet Sites

FactHound offers a safe, fun way to find Internet sites related to this book. All of the sites on FactHound have been researched by our staff.

Here's how:

1. Visit *www.facthound.com*
2. Choose your grade level.
3. Type in this book ID **073686637X** for age-appropriate sites. You may also browse subjects by clicking on letters, or by clicking on pictures and words.
4. Click on the **Fetch It** button.

FactHound will fetch the best sites for you!

GLOSARIO

cambiar —pasar a otra velocidad

inclinar—cambiar la posición del cuerpo en una curva

la llanta *slick*—una llanta suave y lisa utilizada en pistas de go-karts

el óvalo—un círculo alargado

la recta—una parte larga y derecha de una pista

el trompo—cuando las llantas traseras de un vehículo pierden el agarre, ocasionando que el vehículo gire sobre sí mismo

SITIOS DE INTERNET

FactHound proporciona una manera divertida y segura de encontrar sitios de Internet relacionados con este libro. Nuestro personal ha investigado todos los sitios de FactHound. Es posible que los sitios no estén en español.

Se hace así:

1. Visita *www.facthound.com*
2. Elige tu grado escolar.
3. Introduce este código especial **073686637X** para ver sitios apropiados según tu edad, o usa una palabra relacionada con este libro para hacer una búsqueda general.
4. Haz clic en el botón **Fetch It.**

¡FactHound buscará los mejores sitios para ti!

INDEX

ÍNDICE